ESSAI

sur les moyens à employer, après une longue révolution, pour confondre tous les sentimens dans l'amour de la Patrie et du Roi, et pour l'entretien des bonnes mœurs,

Adressé à Messieurs LES MEMBRES composant les Académies Royales des Sciences de Paris et de Lyon.

TRÈS-HONORABLES MESSIEURS ,

C'EST par hasard que je lus, dans le *Moniteur*, l'avis que vous daignâtes y faire insérer, touchant ce qu'on se propose de réaliser, tant par l'effet de ce qui est contenu dans le titre de cet essai , que par les prix promis à cet égard. C'est en conséquence de cela que je prends la très-humble et très-respectueuse liberté de soumettre diverses réflexions à la haute sagacité de vos illustres compagnies.

Ce n'est cependant point dans les vues d'obtenir des prix, qui ne sont dus qu'au talent distingué, que je me permets, très-honorables

Messieurs, de vous accabler de ce petit ouvrage, mais bien dans celles de concourir, autant qu'il est en moi, à ce qui peut contribuer à atteindre le but proposé dans ces mots : *Essai sur les moyens à employer, après une longue révolution, pour confondre tous les sentimens dans l'amour de la Patrie et du Roi, et pour l'entretien des bonnes mœurs.*

Ne connaissant point l'art des préfaces, des préambules, et n'étant ni écrivain, ni littérateur, je vous prie, Messieurs, de daigner permettre, afin de ne point abuser de vos précieux momens, que j'en vienne de suite aux faits; faits que je vais avoir l'honneur d'exposer le plus succintement possible dans tout ce qui va suivre.

Les problêmes contenus dans le titre de ce petit écrit, paraissent insolubles au premier aperçu, vu l'état divisé des esprits, des opinions, des intérêts, des passions, des affections, etc. Cependant plus attentivement médités, et en faisant diverses abstractions mentales, on parvient à comparer alors plus philosophiquement notre situation présente avec celle passée des peuples qui nous précédèrent dans la carrière de la civilisation ; ce qui fait qu'on ne tarde point à reconnaître une vérité constante, c'est que tout s'engendre, croit, décroit, et, par après, rentre dans l'abîme du néant.... Tel il en a été, et tel il en sera jusqu'à la fin du monde. Or, pourquoi s'affliger de la situation en laquelle nous nous trouvons maintenant, pour avoir usé (peut-être un peu par anticipation) tous les ressorts de la civilisation, par l'effet de douze à quinze siècles d'existence politique, etc. ? C'est une sorte de tribut que tous les agens de l'univers en particulier, et que tous les corps de peuples en général doivent, les uns après les autres, payer au tems, à la nature, à l'organisation de toutes choses. Cette commune loi doit nous consoler de notre position présente, laquelle ressemble, en quelque sorte, à celle d'un individu qui, ayant vécu, bien vécu, longuement vécu, doit avec calme et résignation voir approcher son terme nécessaire, indispensable.... Mais dans un tel état de choses, tout ce qui peut hâter ce terme doit, avec précaution, être éloigné, conjuré, combattu. Néanmoins, comme la régénération totale de l'objet qui fait ici le sujet de nos recherches, de nos soins, de notre sollicitude, est reconnue impossible, ce sont des mitigeans, des palliatifs salutaires qu'il convient d'indiquer et d'employer pour opérer la cure physique et morale qu'on s'est proposée : c'est de deux maux choisir le moindre.

Cependant avant de prétendre à la guérison d'un mal quelconque, il convient, je crois, d'en reconnaître la cause et le caractère; après quoi la marche, les prescriptions du docteur ; peuvent être régulières et en accord avec l'organisation individuelle de l'être qui souffre ; aussi est-ce en conséquence de cela que je veux, que je désire sonder la plaie qui nous accable physiquement et moralement, afin d'y appliquer, s'il se peut, un topique propre à-la-fois à calmer les douleurs et à rendre le malade à ses esprits, à ses facultés presque caduques....

Daignez donc, très-honorables Messieurs, dans l'exposé qui va suivre, avoir la bonté, d'une part, de me prêter votre indulgente attention, et, d'une autre, avoir la complaisance de souffrir que j'entre en des détails qui, quoique fastidieux et peut-être même puérils en apparence, n'en sont pas moins nécessaires pour arriver aisément et clairement au but proposé ; les voici :

Il est à croire, et même nous n'en devons point douter, que, dans l'origine du monde, l'homme, réparti dans une forêt qui circonscrivait le globe terrestre dans tout son pourtour, y trouvait tout ce qui était nécessaire à son entretien : c'étoit une conséquence de sa venue sur la terre, rien n'étant né, suivant les lois premières de l'univers, pour souffrir, pour éprouver la plus modique privation de ce qui est propre par nature, espèce, organisation. Dans ces tems heureux, si célébrés et attestés par les anciens, l'homme n'essuyant aucune contrariété, était aussi pur qu'il pouvait l'être et qu'il fallait qu'il le fût ; car alors la pensée n'était point même née en lui, parce qu'elle lui était inutile, la nature ayant d'elle-même, et d'après son organisation propre, pourvu à tous ses besoins, comme à ceux de toutes les autres espèces. Or, qu'était l'homme dans ces tems prospères ? Un être parfait suivant son organisation et celle de l'univers. Que n'est-il encore ainsi ! nous n'aurions point à rechercher, en ce moment, ce qui a pu le vicier, le pervertir, le dépraver et le dénaturer au point où nous le voyons présentement ; car, à cette époque heureuse, il vivait content, longuement, à l'abri des maladies, des infirmités, en remplissant ponctuellement les devoirs ou fonctions à lui imposées par son organisation pour le profit, le bénéfice de la nature dont les lois sublimes et simples sont pourtant restées inappréciées et inconnues jusqu'à ce jour.... Mais, par une fatalité imprévue, il est survenu des accidens qui ont troublé ce bel ordre de choses : le globe s'est embrâsé, s'est volcanisé à une certaine profondeur dans tout son pourtour ; tous les agens minéraux, végétaux, animaux, etc., en ont souffert, ont été détruits, ayant, en très-grande partie, été coupellés ; et, lorsque les cavités souterraines occasionnées par cet effet et emplies par le sang, la sève, par les fluides aqueux provenans de mille millions de décilliards d'objets des trois règnes décomposés par l'action du feu, ne purent plus supporter l'assiette superficielle de la terre, elle s'affaissa sur elle-même, (comme le fait la coupole d'une halle, d'une salle de spectacle embrâsée, incendiée) (*) en engloutissant avec elle, dans des abîmes immenses, une très-grande partie du continent universel, et sur lui, avec lui, parmi ses débris, tout ce qu'il recélait d'agens végétaux, animaux, etc. De là ces déluges considérables qui noyèrent, à des distances énormes, les êtres et objets, les substances des divers règnes qui avaient survécu à la catastrophe première, celle résultant de l'embrâsement, de la volcanisation universelle : car encore qu'elle fût concentrée, elle n'en dut pas moins être très-nuisible, très-meurtrière pour toute chose tout le tems qu'elle dura, par les esprits acides et volatils, par les gaz destructifs, empoisonnés qui s'élevaient alors du sein de la terre en fusion presque totale, lieu où des foyers immenses de combustibles divers, de minéraux, de métaux

---

(*) Avec cette différence que cette masse, cette coupole, en s'enfonçant, ne trouve point d'eau enravée à faire refouler au-dehors, ainsi que cela eut lieu lors des grands déluges ; ce qui inonderait le voisinage, en noyant, à une grande distance, tout ce qui s'y trouverait.

de toute espèce, etc., avaient, dans le mystère, le calme, le silence de la nature, été déposés, enfouis avec ordre, à l'aide de mille milliers de siècles entassés les uns sur les autres. Alors, en s'enfonçant dans des abîmes pleins d'eau, les portions, les fragmens du continent ou de l'assiette universelle durent y trouver plus ou moins de profondeur, et déterminèrent ces points saillans, ces parties isolées que nous remarquons encore aujourd'hui, soit dans les montagnes, les rochers, soit dans les îles éparses çà et là sur lesquelles se sauvèrent quelques naufragés de diverses espèces. De là, le besoin, les privations extrêmes qu'ils y éprouvèrent par le manque de ce qui leur était propre par nature, et pour nous, jusqu'alors, ç'avait été le fruit par excellence; de là la nécessité de faire des essais, des épreuves plus ou moins fructueuses, nuisibles ou meurtrières, au moyen de substances différentes qui pouvaient se trouver sous la main, afin de repousser la mort par cet effet; de là, les premières maladies et le premier sentiment d'intérêt, d'égoïsme commandé par la conservation individuelle; de là, ces disputes avec les animaux également échappés au naufrage général, lesquels, ayant comme nous besoin de vivre, d'exister, cherchaient à suppléer à leur nourriture naturelle par des ressources passagères, accidentelles; de là, la

nécessité de se réunir contre ce commun enne-
mi, non-seulement pour pouvoir subsister,
mais encore pour éviter de devenir sa proie ;
enfin, de là les premières sociétés......

En partant d'un des premiers points indiqués
ci-dessus, nous voyons l'homme totalement
désintéressé, puisqu'il était affranchi de tous
soins, jusqu'à celui de penser, de parler, de
combiner des idées, idées qu'il n'avait même
point ; nous le voyons, dis-je, d'heureux qu'il
était, devenir malheureux, industrieux par-
après pour se procurer l'existence, époque à
laquelle naquirent sa pensée, ses premiers calculs, ses premières combinaisons ; enfin l'utile
indispensabilité de faire l'usage forcé des orga-
nes de la tête, de la bouche, du gosier et de ses
membres en général, pour commencer à se
faire entendre et comprendre de ses infortunés
compagnons. C'est donc d'ici qu'il faut partir
pour expliquer l'état détraqué, dépravé de
l'homme, et c'est à ces seules circonstances
accidentelles qu'il dut les facultés dont il est
actuellement pourvu ; car quiconque douterait
jusqu'à quel point peut opérer sur nous la
satiété, la satisfaction totale des sens et du corps,
n'a qu'à remettre dans la plus complète abondance de ce qui est propre par nature, et dans
une température convenable, l'être le plus ins-
truit ou le plus vicieux, il oubliera tout son acquit,

sans oublier pourtant de savoir faire ses fonctions naturelles ; et redeviendra autant bon qu'il est possible de l'être, comme civilisé et comme ayant le sang plus ou moins corrompu par d'anciens usages de la vie policée. Or, que nous manque-t-il pour être meilleurs que nous ne sommes ? Ce que nous n'avons point, ce dont nous sommes privés, bien que nous courrions perpétuellement après sans pouvoir l'atteindre. C'est ce qui explique pourquoi aux Etats-Unis d'Amérique, lieux où l'on respire la plus grande liberté, où il n'y a d'apparent, aucun sbire, agent de police, gendarme, corps-de-garde, administration, gouvernement, et où cependant tout va aussi bien qu'on peut le désirer. Savez-vous pourquoi ? Parceque les habitans y vivent dans l'abondance, sous une température agréable ; qu'on n'y est ni tracassé par des réglemens vétilleux, ni menacé par des agens insolens ; qu'on parcourt le pays sans être tyrannisé par des formalités gênantes, humiliantes, vexatoires ; enfin, parceque les mœurs y sont encore simples, et le travail léger, modéré. D'après cela il est facile de concevoir que de tels gens n'envient, n'ambitionnent rien que de licite ; sont insouciants, indolens, indifférens sur l'avenir, leur sort étant assuré. Aussi n'y voit-on point de mendians, que très-peu de coupables, et rarement de criminels, bien qu'on voyage par-tout sans être obligé d'exhiber des papiers, des passe-ports : c'est ainsi cependant que la plupart des Américains de l'intérieur atteignent le terme de leur carrière.

Il est donc fort aisé de voir, à travers tout ceci, que c'est la privation de ce qui nous est propre qui cause nos vices. Cela est d'autant plus facile à vérifier, que si nous prenons pour exemple les indiens du sud (reste échappé de quelques déluges partiels), nous voyons qu'ils sont doux, simples, confians, sans malice ni inquiétude s'ils sont dans l'abondance, et tristes, malheureux, vicieux lorsqu'ils sont retenus ou jetés accidentellement dans les régions rudes, lieux où il faut penser et travailler pour se procurer l'existence. C'est donc la privation qui corrompt l'homme et le rend méchant; car on ne peut douter que l'indien, le sauvage duquel nous parlons, ne soit aussi un civilisé jusqu'à un certain point; qu'il est de notre espèce; que nous descendons de lui, et non lui de nous, ainsi qu'on s'est plu à le dire quelquefois. Or, il est à remarquer que, dans l'origine de l'univers, avant que les hommes ne se fussent civilisés, leurs besoins se réduisant aux besoins si simples de la nature, ils étaient complétement satisfaits dans leur tems par les soins de cette commune mère; tandis que, depuis cette époque, nous y avons ajouté une

multitude d'usages, usages qui nous ont créé
autant de besoins factices par l'habitude que
nous en avons contractée ; ce qui fait que maintenant nous sommes obligés, pour y satisfaire,
de nous plier sous le joug d'une masse de
travaux, de calculs, de combinaisons qui, excédant les facultés humaines et les ressources
intrinsèques de la terre, nous vicient, nous
corrompent et nous dégradent en conséquence : car il n'est pas jusqu'au plus petit désir
que nous éprouvons, qui ne soit en lui-
même une sorte de besoin à calmer ; et plus
la somme en est considérable, plus il faut d'efforts physiques et moraux pour se procurer
les moyens nécessaires d'y faire face, ce qui
atténue et détériore en rapport la machine
animale.

Si, sans remonter à l'origine de l'univers pour
prouver d'où proviennent nos vices, nos misères, nous nous bornons à jeter nos regards
sur une époque qui, quoiqu'ancienne, se
trouve cependant plus rapprochée de nous (tout
étant qualifié de tems héroïque) ; si, dis-je ,
nous jetons nos regards sur la Grèce ancienne
et ses environs, sur l'Asie mineure, la Syrie, etc.,
et que nous y remarquions des peuplades de
malheureux, errans dans des débris de forêts
pour y découvrir quelques restans de fruits, de
racines ; quelques cadavres d'animaux pour as-

souvir leur faim ; si nous les considérons dans
cet état et que nous voyions arriver près d'eux
des étrangers venant , sans doute, de pays
plus fortunés et depuis très-long-tems civilisés,
leur apporter des semences, des grains ; qui les
réunissent en société, qui leur apprennent l'art
de l'agriculture, nous voyons ces gens passer
de la détresse la plus affreuse à un état bien
préférable. Nous les voyons commencer par
ensemencer une petite portion de terre, puis
une plus grande pour jouir plus complétement.
Dans cet intervalle, celui qui ne s'en occupe
point, soit par défaut de localité, soit qu'il
soit indolent ou plus industrieux que les autres ,
se livre à quelque art grossier, tels qu'ils furent
tous dans leur enfance. Ces objets d'art sont
susceptibles de procurer des aisances jusqu'alors
inconnues. Le désir d'en jouir fait que celui
qui a du grain au-delà de sa consommation et
de celle de sa famille , l'échange pour des misères
qu'il ne sait faire ni exécuter. D'ici datent les
premiers échanges. C'est le grain ou les autres
objets les plus nécessaires à la vie, à l'entretien
du corps, qui servent de première valeur pour
établir et consommer ces sortes de marchés.
Tant que les choses en restent à ce point et
que les objets d'art ne se multiplient point dans
une terre féconde , dans une terre qui n'a pas
été usée par l'agriculture, on recueille, sans

beaucoup de peine ni de soin, ce qu'il faut pour soi et pour se faciliter l'acquisition de faibles articles qui ont attiré notre curiosité, ou qui nous procurent un mieux, soit pour recueillir nos alimens, soit pour nous vêtir, nous coucher, etc. ; mais il n'en est plus de même lorsque ces objets d'art, d'utilité reconnue indispensable commencent à se multiplier et à se convertir en objets superflus ou de luxe : car alors au lieu d'un effort que le corps, que l'imagination était obligée de faire pour subvenir aux premiers besoins, il faut les doubler, les centupler en raison des calculs qu'il convient de faire pour se procurer les premiers objets d'échange, le grain ou autre denrée, seule monnaie d'alors. D'ici datent les efforts contre nature, lesquels tentent à nous détériorer en conséquence. D'ici, ne pouvant satisfaire toutes ses vues à la fois, date, dans l'homme, l'idée du subterfuge, de supercherie, de fraude, de larcin, de vol plus ou moins ostensible, caractérisé, plus ou moins bien calculé, reconnu, constaté, avéré, médité.

Il est facile de concevoir que celui qui n'a à travailler que pour parer à des besoins de peu de conséquence, que des besoins naturels, lesquels à cette époque se bornaient à satisfaire l'estomac, n'avait pas de grands efforts de tête et de corps à faire pour y parvenir ; mais il

n'en fut plus de même lorsqu'à ces besoins naturels se joignirent ceux de fantaisie, de caprice,
de mollesse et autres totalement factices ; car
alors il fallut, pour se les procurer, des combinaisons plus étendues, des entreprises plus
considérables. De là, datent les vices de la société
policée, lesquels nous portent à tout faire et
entreprendre pour les calmer, les satisfaire.

C'est donc du prix des objets d'art que na-
quit celui du grain, et c'est de celui du grain
que vint celui des métaux et des monnaies par
après pour en faciliter l'échange : car tout chacun n'ayant point d'objets d'art à échanger
contre du grain, il fallut bien y joindre des
matières premières, de ces métaux qui servaient
dans le principe à l'établissement, à la création
de ces objets d'art, métaux qui, se trouvant dans
un canton, n'étaient souvent point dans un
autre. De là, les lingots, les morceaux, puis
après, les monnaies en usage de nos jours. Or,
il est aisé de remarquer que si nous en fussions
restés au premier pas que nous fîmes vers la
civilisation ; c'est-à-dire, que nous nous fussions
bornés à la culture de ce qui nous était utile
pour nous nourrir, nous entretenir, nous se-
rions encore aussi simples, aussi bons, doux,
dépourvus d'ambition qu'on l'était à cette époque si heureuse, (quoiqu'accidentelle), en
comparaison de celle de ce jour, où nous avons

tant de besoins différens, besoins qui, nous imposant l'obligation de les satisfaire, sont autant de tyrans qui nous absorbent, qui nous démoralisent, sont autant d'impôts pour le moral et pour le physique. Ce sont donc les arts inutiles et les objets de luxe qui sont cause de la perdition de l'homme civilisé ! C'est à quoi il faut tâcher de remédier par les moyens suivans.

1.° Loin de chercher à multiplier les objets de sciences, d'art, de luxe, de nouveautés, d'inventions de tous genres, il faut au contraire offrir des récompenses à ceux qui produiront les ouvrages les plus propres pour nous apprendre à nous en passer. Par ce moyen on diminuera la somme de nos efforts, de nos contributions à cet égard, de nos vices, de nos tourmens : on nous éloignera du faste, et, en nous rapprochant de la simplicité, on nous ramènera à la pureté du cœur, aux bonnes mœurs qui en sont une suite infaillible.

2.° Il faut conspuer le luxe, quel qu'il soit, par tous les moyens possibles : car, quoiqu'on en dise, c'est lui qui mine, corrompt, amollit, anéantit les nations ; et, à cet égard, tout objet étranger au sol français devrait être défendu.

3.° Jamais Royaume n'a été aussi favorablement situé que l'est la France pour pouvoir se passer de ses voisins et même de tout l'univers. Si, sans imiter les égyptiens, les chinois et autres (si sagaces cependant dans l'art de régner, d'administrer), on ne voulait point, à leur exemple, se donner la peine d'élever une muraille épaisse autour de la France (muraille qui enceignant le territoire à ses extrémités, empêcherait l'entrée du pays aux étrangers ainsi qu'à leurs usages, à leurs productions, etc.), au moins qu'à ce sujet on se comporte comme le font les russes, au moyen de leurs cosaques; c'est-à-dire, qu'on établisse sur les frontières un cordon épais de douaniers à pied et à cheval, sous le titre de *gardes frontières*, et que ces gens-là soient à la fois probes et payés comme il faut : car il est à remarquer que ce furent les Etats qui se conduisirent ainsi qui subsistèrent le plus long-tems en corps de nations, qui furent le plus longuement heureux, imités et cités comme ayant le plus excité l'admiration des autres peuples. Au surplus, sans les étrangers eussions-nous jamais connu le *mal de siam*, *la petite vérole*, *la peste*, *la fièvre jaune*, *la maladie vénérienne*, etc. ?

4.° En supposant qu'on ne voulût point se comporter avec la même sévérité envers le luxe né des produits de notre sol, qu'envers celui occasionné par des objets étrangers, il n'en serait pas moins nécessaire de faire des lois somptuaires assez rigides pour combattre ce luxe, écueil de la vertu, des jeunes gens des deux sexes,

sexes, mais surtout des jeunes filles souvent vaincues par le seul appât ou désir de se parer, de satisfaire des goûts pour la toilette, la gourmandise, la friandise, etc. Il convient donc de restreindre le luxe par tous les moyens possibles, et s'il se peut, tâcher par-là de démarquer les classes de citoyens ; car, c'est de la multiplicité des besoins factices que naissent les vices, les misères, les malheurs de ce monde.

5.º Le luxe, en augmentant les charges des citoyens (obligés de travailler outre mesure pour y satisfaire), augmente le prix de la main-d'œuvre, ce qui corrompt les mœurs simples , les usages, en produisant la dissolution des hommes et des Empires.

6.º C'est la privation des choses devenues nécessaires, soit qu'elles fussent naturelles ou de pure habitude, qui a rendu l'homme dépendant de son semblable , et c'est de cet état pénible que sont provenus les divers commerces de la vie sociale, lesquels vicient les hommes en raison de leur degré d'extension.

7.º Si les arts relatifs au luxe étaient restreints, défendus , (à moins que ce ne fût pour en livrer les produits à l'extérieur par le canal d'entrepôts à ce destinés, ainsi qu'il en est pour les produits de la Chine par le port de Quang-Tung), et qu'on ne conservât que ceux propres à la confection des objets de première nécessité, le

B

surplus de la population s'adonnant peu-à-peu à d'autres états, à l'agriculture, au jardinage, à tout ce qui peut féconder les terres, ou à se reposer quand il en aurait le moyen, pouvant alors vivre de choses de peu de valeur, la paix, le bonheur renaîtriaent indubitablement dans son ame ; car il n'y a que l'intérêt, la cupidité, l'ambition qui corrompt l'homme en lui apportant, et des désirs au-dessus de ses facultés, et des passions, des vices insatiables. Eh ! avec quels vices est-il possible de vivre heureux, tranquille, quelque fortune qu'on ait d'ailleurs ? Eh bien ! Ce sont cependant les arts et le luxe qui nous les procurent presque tous ! Et il est à remarquer qu'à mesure que les besoins factices diminuent d'influence, cessent de nous commander, de nous tourmenter et tyranniser, plus notre caractère s'adoucit et se reploie sur sa nature propre, foyer de toutes vertus, qualités et vérités, lorsque la source n'en a point été corrompue. Mais quand on ne peut gagner assez ou qu'on éprouve des obstacles pour se procurer ce qu'il faut pour appaiser la soif des désirs causés par le luxe et par les passions qui en sont une suite infaillible, il faut se vicier, voler, tromper, concevoir le crime et l'exécuter. A cet égard il ne serait pas inutile de restreindre aussi le nombre des cabarets, des estaminets, des billards, tabagies, des cafés

élégans, des somptueux restaurateurs, des guinguettes , bals ; chasser les marchands d'or-
viétans , les escamoteurs , diseurs de bonne
aventure , baladins, charlatans de toute espèce;
réduire le nombre des spectacles, anéantir les
jeux, tels que *biribi*, *passe-dix*, *trente et quarante*, *roulette* , et généralement tous ceux
publics et de hasard; En faire de même touchant les loteries et les maisons de prêt parti-
culières ou à la petite semaine. En outre, si
l'on ne voulait commencer par faire sortir les
étrangers de chez nous , au moins il faudrait
qu'on s'abstînt d'y en laisser revenir d'autres ;
car ils ne contribuent pas peu aussi à corrompre les mœurs simples, les usages, le sang
national, et, par suite, l'esprit public et patrio-
tique.

8.° L'économie étant également une des bases
de prospérité particulière et générale, une diminution d'emplois aurait lieu pour l'avenir,
de manière à simplifier, par cet effet, la marche
des bureaux dans toutes les parties de l'administration publique. Après quoi, les traitemens,
appointemens, gages, salaires seraient propor-
tionnellement réduits, à partir des premiers de
l'Etat jusqu'au dernier employé; ce qui, en don-
nant la faculté de diminuer les impôts, laisse-
rait en conséquence respirer et prospérer le
peuple, lequel n'en deviendrait que meilleur ;

car rien ne corrompt les mœurs comme les charges et les privations qui en résultent. On pourrait encore joindre à cette économie une réduction sur les retraites, les pensions, et devenir très-sobre pour en accorder de nouvelles. On pourrait aussi s'éviter de salarier une multitude de charges ou emplois, tels que ceux de présidens de tribunaux, de juges, de maires, de commissaires de police, de juges de paix, et mille autres qu'on ne devrait donner qu'à l'âge mûr, à l'aisance, au savoir, à la bonne réputation, à l'équité, etc., et n'être qu'honorifiques. Quant aux représentations fastueuses de la cour et de tout ce qui en dépend, comme c'est souvent de là que partent les exemples corrupteurs qui vont porter la dissolution dans toutes les classes de la société, elles pourraient être ramenées à des principes de modération, de simplicité tels qu'ils ne pussent nuire en suggérant, même l'envie d'être imités. Eh ! en effet, quoi de plus simple, de plus uni, soit publiquement ou privément, que les souverains d'Autriche, d'Angleterre, de Prusse, de Hollande ; que les présidens d'Amérique, de Suisse, etc ? Eh ! quoi de mieux administré que leurs Etats ! Ce n'est donc point par l'effet du luxe qu'on obtient les meilleurs résultats dans l'art de gouverner, d'administrer les Empires. Or, il n'y a point de danger à l'attaquer, à le restreindre même jusque sur les marches du trône.

9.° Mon opinion est que, si les peuples étaient heureux, il n'y aurait point de criminels : c'est ce qui se vérifie, ainsi que je l'ai déjà dit, lorsqu'on va d'Europe aux Etats-Unis d'Amérique, lieux où chacun étant au-dessus du besoin de choses usuelles, où la température est agréable, le travail modéré, l'on ne trouve aucun mendiant, très-peu de coupables, et rarement de criminels ; car, à dire vrai, c'est presque toujours *la faim* (souvent celle des passions) *qui fait sortir le loup hors du bois*, et la misère qui fait à l'homme franchir les règles établies. Rendez-donc les peuples heureux (ce qui peut se faire en les ramenant par degré à des principes de simplicité); alors leurs esprits se calmeront, et il leur sera ensuite très-aisé d'être moraux et d'aimer le Roi et la Patrie qu'ils uniront dans leur cœur, dans leur pensée.

10.° Il paraîtra sans doute paradoxe de ma part, de dire que le haut prix du grain est aussi contraire aux bonnes mœurs que l'est le luxe. Cependant, quand on considère que tout ce qui tente à exiger des contentions d'esprit, des efforts physiques et moraux, dénature la machine animale, on ne balance plus à convenir avec moi que le haut prix du grain (objet de la plus impérieuse nécessité) et de toute chose en général, exigeant plus de travaux, plus de fatigues, de peines, d'inquiétude de la

classe ouvrière, que quand il est bon marché,
cela la démoralise en conséquence ; car la privation et les vices qui en sont la suite indispensable, font sur nous, ce qu'opère le feu sur le
fer qu'il rougit : il le dénature, l'amollit, l'atténue de toute façon. Il faut donc faire des
efforts pour diminuer le prix de tout, et, par ce
moyen, diminuer également la somme des travaux de l'homme; et l'on ne saurait fructueusement y parvenir, qu'en nous ramenant à une
vie simple, unie, peu dispendieuse; car veut-
on savoir pourquoi l'Amérique est si heureuse
en comparaison de l'Europe? C'est qu'elle n'a
que la dixième partie de population de ce qu'elle
pourrait intrinsèquement alimenter, tandis que
l'Europe en a les trois quarts de trop. Mais lais-
sez cette Amérique multiplier sa population au
moyen de ce qu'elle reçoit de toutes parts,
alors vous la verrez tirer partie de tout comme
nous le faisons en Europe; mieux soigner sa
culture, défricher les forêts dans la direction
nord, multiplier ses produits en raison des bras,
des bouches, des consommateurs qu'elle aura
acquise de plus ; mais *l'âge d'or* n'en sera
pas moins passé pour elle; car, d'une part,
les terres vierges, grasses, riches de dé-
pouilles animales et végétales accumulées là
dans le silence des siècles passés; ces terres,
dis-je, qui, pendant cinq cents ans, auront donné

deux cents pour un, étant alors épuisées, exté-
nuées, comme sont les nôtres, exigeront des
engrais dont jusqu'alors on avait ignoré l'usage,
parcequ'ils étaient inutiles ; et, d'une autre,
vaincue par le luxe, par mille usages, mille
commodités, etc., à elle portés par des gens
qui y accourent de tous les coins de la terre,
elle perdra la simplicité de ses mœurs actuelles,
son aisance, et finira par se vicier entièrement
comme nous le sommes et comme le furent
avant nous tant de peuples conquérans qui,
n'attendant point que le poison des innovations,
du luxe, des usages étrangers, vînt les trouver, allèrent à grands pas, et au prix de mille
sacrifices, chercher ce qui les a précipités dans
l'abîme du néant. Tel il en a été, tel il en sera
pour tout peuple qui donnera accès, chez lui,
à des nouveautés, au luxe, aux étrangers et à
leurs usages. Mais laissons-là ces points de dis-
cussion, ces digressions, et démontrons, s'il se
peut, par quelques rapprochemens, que c'est
au luxe qu'on doit non-seulement attribuer le
haut prix du grain, mais encore celui de la
main-d'œuvre et de tout en général. Voici ce
qu'on trouve dans d'anciens manuscrits con-
servés à Douai : « Durant l'hiver de 1432, le
» prix du blé fut porté à un taux très-élevé
» en cette ville ; la rasière s'y vendait de 30 à
» 40 gros ; mais au mois d'août suivant, ce prix

» tomba à 10 ou 11 gros. Les blés ayant man-
» qué en France en 1437, ils y furent d'une
» cherté excessive : ils étaient néanmoins abon-
» dans à Douai, lieu où la rasière valait 100
» sols. En 1499, la rasière de blé et de scour-
» geon valait, à Douai, 6 gros ; celle d'avoine,
» 4 gros ; celle de pois, 10 gros ; le lot de vin,
» 3 gros ; le cent d'œufs, 4 gros ».

Un journal trouvé dernièrement dans les ar-
chives d'une abbaye située sur la rive droite du
Rhin, rapporte ce qui suit : « En 1454, *année*
» *de la grande cherté*, un bœuf gras coûtait 3
» florins et demi ; une vache, 2 florins ; un
» veau, 1 demi-florin ; vingt-cinq moutons,
» 8 florins ; un cochon, 1 florin ; vingt-cinq
» poules, 1 florin ; quarante douzaines d'œufs,
» 1 quart de florin ; enfin, treize livres de
» beurre, 1 demi-florin.

A la même époque, deux jeunes gens, mis
en pension dans une maison honnête, y com-
pris leur professeur, coûtèrent 44 florins pour
l'année. Qu'on juge, par ces différences inouïes
survenues depuis deux siècles, si elles ne doivent pas être attribuées au luxe, et par suite
au prix du grain, de la main-d'œuvre, et aux
impôts qui en sont une conséquence nécessaire,
et l'on sentira plus que jamais (un peu tardive-
ment, il est vrai,) le pressant besoin de les
restreindre. J'éviterai de faire la révoltante

comparaison des vices, des crimes, des exécu-
tions qui se font de toutes parts ; de l'infidé-
lité, de la perfidie, de la corruption générale
dont nous sommes accablés, d'avec l'état de
candeur dans lequel se trouvaient nos aïeux.
Je me bornerai tout simplement à les signaler,
à les désigner comme étant les enfans du luxe,
des charges trop onéreuses excédant les facultés des bras et d'une industrie licite et facile, enfin comme étant les enfans des privations en tous
genres, bien que je me réserve d'indiquer plus
bas quelques moyens propres à remédier à cet
état de chose. Mais, avant cela, revenons à
cette grandissime différence dans le prix de tout,
et notamment dans celle du grain, du pain.
Qui l'a déterminée ? Le luxe, la commodité
des usages, et mille milliers d'objets qui n'é-
taient point connus de nos trisaïeuls, et encore
bien moins des formiers, des gens de la campa-
gne, du commun, etc. ; et ce qui y a singu-
lièrement ajouté, en hâtant notre décadence
physique et morale, ce sont les assignats, bien
que leur cours ne fût pas par sa durée en rapport avec le grand mal qu'ils firent. Voici comme je l'entends : Dès que ces assignats devinrent
abondans, chacun en eut plus ou moins dans
son porte-feuille ; le peu de confiance qu'ils
inspiraient alors, fit qu'on les dissipa avec pro-
fusion. La soif des plaisirs, qu'on n'avait pas

même savourés avant cela, excita, pour les satisfaire, l'immodération des gens. Toutes les
villes furent de suite inondées d'un déluge de
cafés, d'épiciers, de marchands de vin, de spectacles, etc. En ce tems, des ouvriers n'étaient
point honteux de vous demander pour leur sa-
laire de 5o à 1oo fr. par jour, et beaucoup plus
par après, au point qu'on vendit 12o,ooo fr.
une paire de bottes. Les assignats en tombant
furent remplacés par le numéraire ; mais toutes les classes de la société, et surtout les artisans et autres, habitués de recevoir de grosses
sommes en papier, au moyen desquelles cependant
dant ils avaient pu se familiariser avec mille
usages divers, ne purent se résoudre à repren-
dre leurs anciens erremens, leurs anciens prix ;
car alors il eût fallu faire le sacrifice des nouvelles habitudes ; ce qui était au-dessus de leurs
forces, de leur volonté. Il fut donc nécessaire
de les hausser, afin de pouvoir, par cet effet,
satisfaire quantité d'usages ignorés avant cela,
mais auxquels on s'était tellement identifié qu'ils
parurent aussi licites, aussi utiles que le sont
les besoins naturels, bien pourtant qu'ils ne
soient que de luxe ; car on doit considérer
comme tel, tout ce qui n'étant point à-peu-
près façonné des propres mains de la nature,
n'était point connu de nos ancêtres, eux qui,
néanmoins, n'en vivaient pas moins longue-

ment et exempts de vices , de crimes, etc.
Comme on le voit , je range parmi les objets de
luxe et d'art (dont les neuf dixièmes de la
population devaient se passer), le café , le
sucre, le thé de Chine, le cacao, le chocolat ,
les épices ; les eaux de senteur, les parfums ,
les savons et les pâtes odorantes ; les liqueurs,
les vins fins , l'ivoire , les plumes d'autruche ,
l'ambre , le musc, la bijouterie ; les couleurs,
telles que cochenille, indigo, etc ; les glaces ,
les cristaux, porcelaines, draps fins , bougies ,
batistes, mousselines , étoffes étrangères, cha-
peaux fins ; rubans, habits, robes , gants et bas
de soie ; les escarpins, les bottes élégantes , les
chevaux d'agrémens, les voitures, équipages ,
hôtels, parcs, châteaux, les spectacles et cent
mille autres choses qui ne doivent pas être dé-
taillées ici. Ne pourrait-on donc vivre sans ces
objets, et n'avons-nous pas bien long-tems vécu
sans leur secours ?

On me dira sans doute, qu'on ne voit toujours
pas en quoi ceci a pu contribuer à l'augmen-
tation des grains. Cependant il est très-facile de
concevoir que le fermier s'étant, comme nous
l'avons fait, habitué à nombre d'usages qu'il ne
connaissait point il y a 50 ans, et son champ
étant toujours resté de la même étendue et du
même rapport qu'autrefois, il faut maintenant
que quelque chose paie non-seulement ce sur-

croît de connaissance de sa part , mais encore de plus forts impôts que par le passé. D'ailleurs, n'est-il pas obligé de payer en conséquence tout ce qu'il achète à la ville, lieu où la hausse pour tout objet est sinon *à l'ordre du jour* , du moins des mois, des trimestres, des années ? Et ses domestiques *ne sont-ils pas* plus chers qu'ils ne l'étaient autrefois ? Ses enfans ne sont-ils pas sur un pied, sur un ton bien différent que par le passé ? Leurs dots ne doivent-elles pas être en rapport avec tout cela ? Eh ! qui y satisfera ? Le peuple, ou pour mieux dire, le haut prix du grain. Or, le prix du grain étant l'assiette sur laquelle se calcule en général le prix de la main-d'œuvre, et par suite, le prix de toutes choses, il convient plus que jamais de chercher·à le diminuer par la diminution de nos usages , de nos besoins factices, d'habitudes, si propres d'ailleurs pour corrompre l'esprit et le cœur. Il est bon de dire aussi que ce sont plusieurs de ces usages, outrés en beaucoup de genres, qui favorisent le développement effrayant de la population , laquelle n'est plus en rapport avec nos ressources territoriales du Royaume; et, ce qui n'ajoute pas peu à la corruption des mœurs, ce sont les armées, les prisons, les vaisseaux de guerre. Mais, je le répète , la diminution du luxe et des impôts amènera celle de la main-d'œuvre , et celle-ci , celle des grains et de tout en général. Ensuite de quoi l'on redeviendra à l'aise , heureux , confiant dans l'avenir probe ; modéré , moral autant qu'on peut l'être , et enfin aussi attaché à la Patrie qu'au Roi , ce qui nous conciliera en outre l'estime , la confiance et l'amitié de tous les autres peuples : Ainsi soit-il !

Dispositions accessoires.

Autant le grain est l'ame des Empires , autant le luxe en est le poison corrupteur , désorganisateur. C'est en conséquence de cela qu'il faut le conspuer comme je l'ai déjà dit , mais sur-tout défendre ce qui provient de l'étranger. A cet effet , on pourrait abandonner les colonies ou ne les conserver que comme lieux de déportation. On fermerait ensuite toutes les issues du territoire aux étrangers ; car non-seulement leurs produits nous corrompent , mais encore c'est que l'alliage de leur sang avec le nôtre est parvenu à la longue à éteindre en nous l'esprit national , en croisant ainsi les humeurs , les esprits , les pensées , le caractère physique et moral , ce qui fait que sur cent personnes , on trouve chez nous cent opinions diverses , cent caractères de figures , de passions , d'inclinations différentes ; ce qui ne se voit point ailleurs. Pourquoi cela ? Parcequ'aucune contrée du globe n'est plus heureusement située que n'est la France ; ce qui offre mille avantages et agrémens divers aux étrangers ; oh ! serait dans une bien grande erreur, celui qui croirait que le sang allemand, anglais, italien, grec, juif, turc, etc., allié à celui français, pût produire ce que le sang *franc, gaulois* seul eût procuré s'il fût toujours resté seul, pur ! De là notre peu d'union dans les discussions politiques et autres; de là le peu de concordance dans nos rapports sociaux, dans nos relations de commerce, d'amitié; de là enfin, notre peu d'affection, de sincérité réelle, bien que nous soyons démonstratifs à l'excès.

Les législateurs, les gouvernemens anciens, qui se plaisaient à faire considérer comme barbares tous les étrangers sans distinction, avaient en vue, sans doute, d'éviter par là le poison que nous suçons à longs traits depuis nombre de siècles dans le luxe, les usages des étrangers, dans l'alliage de leur sang avec le nôtre; et c'est par une conduite aussi sage, que divers peuples, tels que les Egyptiens, les Chinois, les Juifs, les Arabes, les Tartares, les Indiens, etc., ont conservé le même caractère de figure qu'ils avaient il y a des milliers d'ans, et un ensemble parfait dans leur façon de voir, d'agir, de penser en toutes choses, laquelle ne paraît pas s'être altérée durant ce grand laps de siècles.

Il faut supprimer la profession de marchand de grains ; car outre qu'il ne spécule que sur la misère du peuple dont il dévore le sang et la substance, il peut encore déterminer des commotions funestes à l'Etat. On pourrait, à l'exemple des gouvernemens anciens, recevoir en nature les contributions des cultivateurs, et en argent celles des autres citoyens. Alors ces denrées se trouvant seules en concurrence sur les marchés avec celles des fermiers, serviraient de contre-poids à leur cupidité, à leur malveillance. C'est peut-être la plus belle et la plus grande protection à accorder au peuple, et, en outre, l'occasion d'établir fructueusement dans tous les chefs-lieux de départemens et dans les sous-préfectures des greniers d'abondance d'une utile ressource.

Il ne faut permettre aucune exportation de grains, de graines, de denrées, légumes, fruits, œufs, beurre, bestiaux, comestibles, combustibles, etc., quelque favorables que soient les récoltes. C'est le moyen de faire jouir le peuple et de faire renaître l'abondance et les anciens prix.

Il faut rendre une loi, ou faire une ordonnance de police sur les moulins, afin qu'il soit constaté les quantités de blé qui y entrent, celles de farine qui en sortent, leur destination, etc., et prendre des mesures pour empêcher les meuniers de soustraire aux malheureux une partie de leur subsistance ; à ces pauvres gens qui, ne pouvant eux-mêmes porter leur blé au moulin, ni en surveiller la mouture, se confient au meunier, parcequ'ils n'ont aucun moyen de vérifier le poids ni la qualité des farines qu'on leur rapporte ; car le plus souvent on leur change le blé au moulin, pour peu qu'il soit de belle qualité.

Il faut déployer la plus grande sévérité contre les fraudeurs, falsificateurs de denrées, comestibles, marchandises, etc., ainsi que contre les vendeurs à faux poids, fausses mesures ; car les trois quarts des marchands détaillans et autres, volent avec impudence pour s'enrichir en peu de tems ou pour satisfaire à des goûts, des passions, des usages à eux inconnus avant les assignats. Il faut tout faire pour rétablir la bonne foi ; car sans elle point de sécurité, point de confiance, et dès-lors, point de commerce. Il faut qu'à cet égard la certitude des citoyens leur permette comme autrefois de vivre *au jour le jour*, sans crainte pour l'avenir ; ce qui, par le crédit qui s'en suit, multiplie à l'infini la fortune publique. Il convient donc de rétablir un si heureux ordre de choses, par l'effet d'une longue paix, par des institutions fixes, uniformes, invariables ; par de l'ordre, de l'économie, de l'exactitude

titude à honorer ses engagemens , sa parole ;
par de la ponctualité à remplir ses devoirs, par
de la probité, de l'équité, enfin par des mesures
de repression en tous genres.

Pour tout ramener à des principes de simplicité équivalens à ceux des *Quakers*, il convient
de faire des lois somptuaires sur les objets de
table, de délicatesse; sur les chevaux, voitures,
chiens, châteaux, hôtels ; sur les articles d'or-
fèvrerie, de bijouterie, de modes, de broderies,
d'ornemens , de toilette, frisures, etc., etc.

Retarder, s'il se peut encore , le développement de la civilisation parmi le peuple. Cette
conduite serait le comble de la sagacité et de la
politique éclairée du Gouvernement ; car alors
on peut perpétuer les hommes sous les mêmes
lois et usages. D'ailleurs, les principes de religion ont beaucoup plus d'empire sur les gens
peu éclairés que sur les autres.

Etablir un mode uniforme d'instruction pour
toute la France, et en confier la direction à des
religieux. La première classe serait pour les
personnes fortunées et celles qui se destinent
aux sciences, aux emplois publics. La deuxième
serait pour les banquiers, négocians, marchands
en gros et gens à leur aise. La troisième enfin ,
serait pour les artisans , etc. Dans celle-ci ,
outre les exercices de religion, on n'enseigne-
rait qu'à lire, écrire, la langue et le calcul. Indé-

C

pendamment de ceci, il y aurait des séminaires et des écoles de pauvres pour les deux sexes : les premières seraient régies par les frères des écoles chrétiennes.

Dans l'éducation qu'on donne à la jeunesse, il faut éviter d'enseigner les voies de la feinte, de la dissimulation ; car cela ne produit que des êtres doubles, des hypocrites, et souvent des monstres. Il faut tâcher aussi d'amener l'homme au point qu'il ait besoin de sa propre estime, qu'il sache se respecter lui-même ; alors il sera incapable de bassesses. Il est également nécessaire d'empêcher que le peuple ne donne à ses enfans une éducation au-dessus de ses moyens, de sa condition ; car c'est ce qui, le plus souvent, dans un siècle où l'on sacrifie tout à l'orgueil, au charlatanisme, ruine la bourse et le moral des gens, lesquels, après cela, deviennent rusés et quelquefois trippons ; d'ailleurs, il serait à désirer que sans qu'il y ait hérédité dans les emplois publics, ils ne fussent cependant point le partage du peuple, car cela entraîne avec soi divers inconvéniens.

Il convient de faire régner la plus tendre humanité ; car c'est le contraire qui fait les scélérats. A cet effet, il faut punir le plus sévèrement les duellistes ; n'accorder aucune sépulture, ni à ceux tués en duels, ni aux personnes qui se suicident, n'importe de quelle façon

ce soit ; punir les gens qui surchargent et mal-
traitent les animaux, et notamment les bêtes
de somme, sous prétexte qu'étant notre pro-
priété personnelle, nous en pouvons faire ce
qu'il nous plaît ; car, outre que cette conduite
est inique, révoltante, barbare, c'est qu'encore
elle ne tente qu'à produire des cœurs durs, ce
qui est contraire aux bonnes mœurs. Il faut
empêcher aussi que le sang animal et autre ne
soit publiquement répandu : cela est au détri-
ment du cœur, de la sensibilité, de la morale.
A cet effet, il convient de reléguer les abat-
toirs dans des lieux écartés ; que les chiens ne
soient plus assommés, éventrés dans les rues,
ainsi que cela se fait en été ; que les porcs ne
soient plus égorgés à la porte de tout chacun ;
que les combats de bêtes féroces, de taureaux
et autres soient défendus ; enfin, qu'on sup-
prime à jamais les gibets, guillotines, poten-
ces, et autres objets de cette nature, plus faits
pour exciter la curiosité, la dureté, la férocité,
qu'à détourner du vice, du crime ; et dans le
cas où les hommes persisteraient à croire qu'ils
ont le droit d'ôter la vie à leurs semblables,
lorsqu'ils sont réputés criminels, au moins que
cette action indigne se fasse en silence, dans
l'ombre des cachots, nuitamment et par l'effet
d'un breuvage plutôt que par la violence, car
rien ne révolte comme cela ; et, ce qui prouve

qu'on manque l'effet qu'on se promet de ces assassinats publics , autorisés par la loi , c'est qu'on ne parle et ne vante en ces occasions que celui qui, avec effronterie , a porté sa tête à l'échafaud, ou qui s'est colleté avec le bourreau , que celui qui a plaisanté sur sa mort , qui a ri , bu ; enfin qui a dormi complétement avant de perdre sa tête ; tandis au contraire qu'on a l'air de mépriser le patient timide, humilié , repentant.

Il ne faut pas souffrir que les prisons recèlent trop de monde ; car cela ajoute à la démoralisation de ceux qui y sont renfermés, ainsi qu'on le remarque dans les casernes et sur les vaisseaux de guerre. Empêcher que, dans ces asiles de douleur, les enfans ne soient confondus avec les grandes personnes : il faut aussi que les hommes n'y communiquent point avec les femmes détenues, et que ceux qui ne sont reclus que pour des fautes légères , ne fassent point société avec les criminels.

Il faut empêcher que la population des grandes villes ne s'accroisse, même il convient de la diminuer s'il est possible ; car rien ne donne de mauvais principes aux gens faibles, sans expérience, et ne favorise plus l'exaltation des passions honteuses, comme de n'être point connu : c'est ce qui fait que les débauchés , les gens vicieux aiment tant le séjour des capitales, lieux où ils peuvent se livrer à toutes leurs mauvaises inclinations; tandis que dans les petites villes chacun se connaissant, s'observant, forme, par-là, une sorte de critique, de surveillance, de police qui est au profit des mœurs et de la société. L'isolement, sous de bons chefs, rend les inclinations pures ainsi qu'on le remarque parmi les colons de l'Amérique septentrionale.

Comme tout doit tendre vers un but moral, utile, il convient, 1.º De déporter toutes filles publiques et de honnir ceux qui sont atteints de maladies honteuses. 2.º Imposer particulièrement tout célibataire mâle après l'âge de 30 ans. 3.º Réclure dans un lieu décent, jusqu'à l'âge de 21 ans, la fille qui, avant cela, se trouverait enceinte, ainsi que celui qui en serait l'auteur; et, dans le cas où ce serait des œuvres d'un homme marié, il devrait être condamné à six mois de prison, à l'aménde au profit de l'enfant, et ensuite *promené sur l'âne* un jour de marché. Quant au célibataire qui se trouverait dans un pareil cas, il devrait, après un an de prison, payer une amende, si avant cela, il n'eût préféré d'épouser la fille. 4.º. Il ne faut permettre le mariage qu'à l'âge de 24 ans pour les hommes, et 20 ans pour les filles; car c'est parce qu'on laisse les jeunes-gens des deux sexes se marier de trop bonne-heure, que nous n'avons plus, en comparaison

des tems passés, que des avortons qui, déjà
à l'âge de 20 ou 22 ans, sont ruinés physiquement, moralement et pécuniairement. Voilà
ce qui a fait rétrograder l'espèce : car on ne
trouve souvent les vieillards que parmi les jeunes gens, y ayant de tout âge. 5.º Il faut
déporter, sans aucune distinction, tout individu
condamné pour récidive quelconque ; car ceux
qui se mettent dans ce cas, loin de se convertir
en prison n'en sortent que plus corrompus
qu'ils ne l'étaient avant d'y entrer. C'est une
sorte de poison mieux préparé et combiné
qui va s'inoculer par-tout, par le retour de ces
gens en société, lequel fera plus tard une ex-
plosion extraordinaire. D'ailleurs la nation ne
saurait être trop attentive, trop sévère pour se
purger de son mauvais sang et pour se séparer
de ses membres gangrenés , ainsi que le firent
si fructueusement les Anglais, lorsqu'au moyen
d'un pareil procédé, ils fondèrent leurs colonies de l'Amérique septentrionale (aujourd'hui
les Etats-Unis) et de la nouvelle Hollande dans
l'établissement de *Botany-Bay*, ou de *Port-
Jackson*. 6.º Diminuer la quotité des monnaies de cuivre et les remplacer en grande partie par des petites pièces de métal ; car ce cuivre
favorise un genre d'agiotage très pernicieux.
Il faut aussi faire disparaître de dessus les monnaies l'effigie de *l'usurpateur* : cela est plus

nuisible qu'on ne pense et plus contraire à la réalisation du projet qu'on se propose ici, qu'on ne peut se l'imaginer. D'ailleurs, comment se fait-il qu'en peu de tems l'être dont il est ci-dessus question soit parvenu à inonder toute l'Europe de pièces à son effigie, et qu'en quatre ans de tems on voie à peine, sur une centaine, une pièce à l'effigie du Roi ? 7.º Il faut dans les communes refuser le séjour aux gens mal famés, et par cet effet les obliger à retourner dans leur lieu natal. Mais une chose très-importante aussi, c'est de surveiller les juifs de très-près ; car, outre que leur nombre s'accroît de trop, c'est qu'encore ce n'est qu'une sorte d'insecte dévorant qui s'attache à tout. Fraude, contrebande, agiotage, recèlement, usure, filouterie, etc., tout lui convient, excepté de faire le bien, ce qui est juste, droit : il en est incapable, n'importe dans quel lieu de l'univers on le trouve. On ne saurait énumérer le nombre de personnes que ces Juifs ruinent chaque année et quel tort ils font par-là aux mœurs. 8.º Il faut empêcher que les entrepreneurs, fournisseurs et sous-traitans des subsistances militaires, etc., exigent non-seulement que leurs préposés les servent pour rien, mais encore qu'ils leur fassent des remises depuis 5 jusqu'à 15 pour cent sur les prétendus profits qu'ils sont censés faire sur leurs distributions ;

manipulations, etc.; car c'est tout uniment dire aux gens : volez pour nous. 9.º Il faut coloniser diverses contrées à l'ouest, au sud et à l'est de l'Afrique. En faire de même des côtes du nord-ouest d'Amérique et de beaucoup d'îles de la mer pacifique, car la population devient chaque jour trop considérable, eu égard aux ressources intrinsèques du territoire. A cet effet, on pourrait aussi favoriser chez nous l'érection des couvens pour les deux sexes. 10.º La marine militaire pourrait, ainsi que l'armée de terre, être supprimée. Une garde royale, les gardes frontières à pied et à cheval, la gendarmerie et les gardes municipales feraient les seules forces du royaume, en cas d'invasion tout chacun devant être soldat. A cet effet, des armes pour deux millions d'hommes seraient entretenues dans les arsenaux ; et comme l'expérience a démontré que les places fortes sont de peu de conséquence, elles seraient ou démolies ou abandonnées. On ferait tout pour éviter la guerre ; car elle ne tente qu'à corrompre les mœurs par la licence des camps, par l'esprit d'indépendance individuelle qui en résulte, par l'épuisement, la pauvreté du peuple alors surchargé d'impôts, et enfin par les crimes, le vol, le viol, le pillage et le sang répandu par suite de ses excès. D'ailleurs, les usages étrangers que le soldat rapporte dans sa patrie corrompent ceux nationaux, au point de les rendre méconnaissables au bout d'un siècle. Il faut proscrire la gloire des armes : celle des vertus, prêchée par les Russes et les Turcs, est beaucoup plus solide, plus durable ; et comme l'état de soldat rend l'homme impropre aux erremens de la société civile, il faudrait qu'il n'y eût plus que des engagemens volontaires, et qu'ils fussent d'un terme assez long pour qu'après y avoir satisfait, cela donnât la solde des invalides. Le surplus du recrutement s'obtiendrait parmi les enfans de troupe, de façon qu'à l'avenir (à moins d'invasion, car alors tous les bras sont au service de la patrie) il n'y eût plus que la caste militaire qui fournît ce qu'il faut pour compléter la force publique. 11.° Un prospectus particulier à chaque administration ferait connaître quelles sont les conditions requises pour être admis aux emplois civils et militaires. Nul ne devrait être reçu qu'après avoir satisfait à un examen public, à une enquête sur ses mœurs, etc. Par ce moyen le soldat, comme tout autre, connaîtrait d'avance ce qu'il doit apprendre pour être caporal, celui-ci pour être sergent, ce dernier ce qu'il convient de savoir en théorie militaire, en grammaire, histoire, géographie, dessin, mathématiques, arts d'agrémens, etc., pour être officier : car jadis l'aménité, l'instruction, la délicatesse des procédés faisaient de nos officiers, si noblement élevés, le charme, l'ornement de la société ; et à cette époque, loin de favoriser l'inconduite, l'esprit de provocation, les manières communes si indignes de gens qui commandent, qui portent l'épaulette, la subordination et la responsabilité hiérarchiques des grades mettaient ordre à tout. Il en devrait être de même pour tous les emplois publics. 12.º Pour charmer l'oisiveté des jeunes gens de tous les états, on pourrait ouvrir, de toutes parts, des cours gratuits de chimie, botanique, d'anatomie, de médecine, de littérature ; des ateliers de sculpture, de peinture, d'architecture ; des écoles de dessin, de danse, de musique, des cabinets de lecture, etc. Des prix annuellement accordés à ceux qui auraient le mieux réussi, exciteraient la curiosité, l'émulation des élèves, outre que durant le tems de leurs études, de leurs travaux, ils seraient détournés de mal faire, de mal penser. 13.º Rendre les églises, les monumens religieux à leur ancienne destination ou les faire disparaître ; car il est choquant, douloureux de voir que beaucoup d'eux encore servent d'écurie, d'abattoir, de magasin à fourrages, etc. 14.º Il serait d'ordre qu'on abornât les frontières de l'Etat ; qu'on en fît de même pour les départemens et les sous - préfectures par l'effet de

signes gradués sur l'importance des lieux. De
même on devrait, par toute la France, poser sur
les grandes routes des bornes milliaires, afin de
pouvoir compter en tout tems le nombre des
postes ou de lieues d'un endroit à un autre, et
en outre les garnir toutes d'arbres fruitiers, de
manière à pouvoir les affermer. 15.º Multiplier
les hospices, les lieux de refuge pour la vieil-
lesse, l'indigence. 16.º Fonder dans toutes les
communes des prix pour la vertu et des dots
pour les plus honnêtes filles. Graver sur des
tables de marbre ou d'airain les noms de ceux
qui feraient les plus belles actions. Donner publiquement, chaque année, des prix, des mé-
dailles, des récompenses à ceux qui fabriquent
les meilleures marchandises et les livrent au
plus bas prix ; diffamer ceux qui agiraient dans
un sens opposé. 17.º Nos Princes doivent voya-
ger par-tout le Royaume, et faire des tournées
périodiques indiquées par voie d'affiches, afin
que chacun, selon son rang, puisse les aborder
dans des audiences publiques. Il serait à désirer qu'il ne se donnât pas une récompense, un
prix, une décoration qui ne fût dispensée de
leurs propres mains : c'est peut-être pour une
ame sensible, bien née, ce qu'il y a de mieux
à remplir sur la terre. Ils profiteraient en outre
de ces occasions pour visiter les hôpitaux, les
prisons, les usines, manufactures, les établis-
semens publics, etc., le plus souvent incognito

s'il était possible. 18.° Il faut établir des caisses d'épargnes pour tous les états, pour toutes les professions et les métiers, dont il faut rétablir les maîtrises : ceci préviendrait l'indigence de toutes les classes de la société. Il faut également établir des caisses d'assurance contre la grêle, la crue subite des eaux, la sécheresse, les incendies, l'épizootie, et généralement contre tous les événemens possibles. Ceci devrait faire l'objet de deux nouveaux ministères. Il serait à propos aussi qu'on accordât annuellement et publiquement des dots, des récompenses aux ouvrières et ouvriers principaux, et aux domestiques des deux sexes qui auraient le mieux et le plus fidèlement servi leurs maîtres. 19.° Faire renouveler le vœu d'exercer gratuitement, par des personnes charitables, l'administration du mont-de-piété dans toutes les villes de France, afin que l'intérêt des prêts faits à l'indigence soit réduit au taux de cinq à 6 pour cent : enfin, faire disparaître tout signe d'usure dans cet acte qui est de pure bienfaisance. Rétablir également les dispositions suivantes : L'an 1283, le 27 octobre, Philippe-le-Hardi rendit une ordonnance par laquelle les avocats des justices royales juraient, tous les ans, qu'ils ne soutiendraient que des causes justes; qu'ils les défendraient avec autant de zèle que de fidélité, et qu'ils les abandonneraient dès qu'ils verraient qu'elles ne sont fondées que sur la chicane. 20.° Les impositions sont trop considérables , et quoique j'eusse indiqué ici les moyens de les réduire de moitié , tout chacun devrait être invité à enseigner encore les voies les plus sortables pour les diminuer davantage. Il faut enfin que des vues sages ramènent le peuple à des principes de simplicité , à cet état calme et grave que l'empereur *Julien* se plaisait à admirer dans les habitans de la *Gaule* , et notamment de *Lutèce* ou *Paris*, époque à laquelle le sang national était encore dans sa virilité, dans toute sa vigueur caractéristique, tandis que de nos jours il est tellement abâtardi par mille innovations, usages divers , d'arts , de luxe , etc, , qu'il est impossible de retrouver les *Francs* parmi les *Français* du dix-neuvième siècle. En effet, dans ces tems on n'eût point rencontré dans *Lutèce* un déluge de commodités , enfans de la mollesse ; des opéras, des spectacles de tous genres ; des histrions, des montagnes dites Russes ; des danseurs de corde et sur les chevaux ; des panoramas, des guinguettes, des cafés, des restaurateurs, des boulevards garnis d'escrocs, et de nigauds ; des parcs, des équipages, des rues pavées, des lanternes, des hôtels et cent mille autres choses toutes propres à énerver les nations, les rendre vives, légères, inconstantes, douces, audacieuses dans l'occasion, parcequ'elles sont présomptueuses, ne doutent de rien ; sont sans morale, sans affection ni sincérité réelles, quoique démonstratives, sensibles, électriques, et peignant bien le sentiment, mais n'étant jamais fortes dans leurs inclinations, leurs résolutions, parce qu'elles sont sans racines, ou qu'elles sont si faibles que le moindre souffle, les plus petites impressions les renversent. C'est pourquoi on les voit alternativement tristes et gaies, folles ou graves, opposées au gouvernement et le servant, ennemies de tout, criant contre tout, enfin promettant tout et ne tenant . . . . . . rien.

Voilà, très-honorables Messieurs, ce que l'amour de la Patrie, du Roi et des bonnes mœurs m'a suggéré de jeter au hasard sur le papier. Daignez, je vous en supplie, excuser la diffusion qui y règne, et ne considérer cette esquisse, cet *essai* que comme un amas informe de matériaux, d'élémens propres tout au plus à fournir à une main habile quelques parcelles de ce qu'il faut pour résoudre les deux problêmes contenus dans le titre de cette triste et misérable production.

C'est dans cet espoir que j'ai l'honneur d'être, avec autant de considération que de respect,

TRÈS-HONORABLES MESSIEURS,

Votre très-humble et très-obéissant serviteur,

R. DE BÉCOURT,

Le 22 Juin 1818.